Conversaciones íntimas con mis amigas

Rafael García

Prólogos

Mariela

Con este material, plasmado tan rica y artísticamente por nuestro amigo de existencia y crecimiento, la intimidad se pasea como un acto cotidiano.

Aquí, en este conjunto de letras, con más vida que sentido o justificación, puedo notar que lo que dicen algunas de sus amigas de ficción, pareciera haber sido dicho por mí.

Este libro, a mi parecer, es lectura obligada de la tarea de funcionar íntimamente. Es un camino al reencuentro con lo que bulle despiadadamente dentro de nosotras.

Este libro es para reír a carcajadas, también para sentir la vivencia interna, el latido del otro y darnos cuenta que lo que nos separa es banal.

Ni sueñes que es un libro exclusivo para mujeres, sólo por tratarse de mujeres, tampoco es exclusivo para hombres... ¡ Esta lectura es a dúo!

Mi invitación sincera: participa de esta lectura... y construyamos la vida desde la intimidad.

Stella

El "otro" es la grita por donde suelen desvanecerse nuestros deseos. Después de todo seguimos girando alrededor de interpelaciones como: ¿qué te pasa?, ¿cómo te sientes?, ¿te gusta así? Hemos andado un largo camino, pero aún no logramos incluirnos en nuestras preguntas y reflexiones, éstas continúan siendo dirigidas hacia esos "otros": padres, hijos, novios, amantes...

¿Y si algún día las preguntas fueran otras? Como, ¿qué quiero?, ¿qué deseo yo? , ¿cuál es mi responsabilidad en esta situación?

¿Será que al responder estas preguntas ya no nos quedarían excusas?

Giovanna

Es un libro de palabras de a centavo sin costo. Las mujeres son transparentes y coloquiales al expresar algunas de sus intimidades, básicamente de relaciones amorosas, en donde, en gran parte de ellas, el sexo es el factor común.

Es una trama de historias frescas, sencillas, divertidas; algunas grotescas, quizá porque han sido plasmadas como una algunas veces piensa las cosas y no como las dice.

Y es eso lo que hace diferente este libro, que no son intimidades elocuentes, vestidas de magia, no, es la historia de intimidades narradas en forma burda, cómica y divertida... Porque así fueron contadas.

Sol

Hace poco Rafa me llamó para hablarme de un proyecto en el cual estaba trabajando. Cuando me explicó que quería escribir una recopilación de algunas "confesiones" de sus amigas, pensé: "¡Rafa tiene tantas amigas! ¡Y muchas llevamos una estrecha relación con él desde hace años! ¡Debe tener mucho que contar!". Y le dije: "¡Apúrate, quiero leerlo todo! ¡Pero si escribes sobre mí no vayas a usar mi nombre!"

Finalmente leí la recopilación, y estoy segura que cuando se publique será uno de esos libros que se pasean entre las manos de un mismo grupo de amigas y amigos, un libro que una quiere compartir, de esos que una marca por aquí y por allá en busca de alguna señal de aprobación, contradicción o identificación.

Perdónenme por lo trillado, pero tengo que decirle a los lectores que cualquier parecido con la realidad es pura coincidencia.

Lola

Yo no creo que todos los hombres sean iguales. Me aterra pensar que todas las mujeres tengamos el mismo gusto.

Cecilia

Es la primera vez que le digo a un hombre que soy infiel. ¿Por qué? Quería comenzar bien. Quería ser sincera. Es la actitud más honesta que he tenido en mi vida. ¿Y qué fue lo que hizo el individuo? Se espantó. No me pegó de bromita.

Ustedes sí pueden ser infieles y nosotras no, porque somos mujeres.

Por eso es que yo digo que a los hombres hay que mentirles, se lo merecen. ¡Para qué decirles la verdad, si no saben qué hacer con ella!

Miriam

No hago amistad con mujeres. Tú ves que yo me la paso solo con hombres. Las mujeres somos enrolladas. Las conversaciones se nos van en puro chisme. Y entre nosotras nos evaluamos de una manera insoportable. Es como si estuviésemos en una carrera que no tiene fin.

Sí, hay algunos cuantos hombres, chismosos hasta decir basta, que se inscriben en esa carrera. Y hay unos cuantos que la ganan.

Patricia

Yo siempre les exigí libertad a la mayoría de los novios que tuve, porque me celaban por cualquier tontería y querían prohibírmelo todo.

Hasta hace poco estaba segura que mis relaciones no habían durado porque todas mis parejas se comportaban como si fuesen mis dueños; querían meterme en una prisión.

Pero ahora llega este ser que no me prohíbe nada. Algo malo debe tener. Es tan perfecto que me da rabia. No me cela, no me presiona. Entonces ya no quiero libertad.

Sí, me molesta que no me cele, que no me reclamé, que no me persiga como los otros, sobre todo, que no me prohíba nada. Le cuento que voy a salir con un amigo y me sale con: "Me parece bien, la amistad es fundamental para la vida".

¡No me jodas! ¡Estoy loca, ahora estoy pensando que lo que pasa es que no me ama!

Manuela

A los hombres que no son muy profundos, los llamo piscina de plástico.

Belkis

Cuando estábamos comenzandito, él me preguntó si andaba con alguien. Y yo le dije, para ser transparente, que tenía a alguien a quien amaba, una persona muy especial en mi vida, con la que salía de vez en cuando.

Y, "Bueno, vamos a amarlo", me dijo él.

¡Ah, eso me mató! Pensé: "Nada, éste es un ser extraordinario". ¿Entre cien, cuántos hombres podrían responder eso? Ninguno.

Y ahora mira lo que resultó el ser extraordinario, un celoso que ni siquiera me deja ir sola al baño.

Para verme contigo, amigo, tuve que mentirle: le dije que me acompañara a almorzar con mi mamá, y como él la odia, sabía que me iba a decir que no.

¿Por qué tienen que mostrarse como no son, amigo? Te lo juro, estoy segura que cuando se repartieron los tickets de la sinceridad, los hombres no asistieron porque creyeron que solo era para mujeres.

Amalia

Estábamos en esa conversa típica de dos personas que se quieren conocer. Tú y yo sabemos que cuando se está en esa primera etapa, todos hablamos maravillas de nosotros mismos. Es una manera de venderse.

En todo lo que me decía, yo mentalmente le colocaba el sello de "aprobado".

Hasta que se le ocurrió decirme que no sabía bailar. "¿Qué, no sabes bailar?"

¡No sabía bailar y estábamos en una fiesta!

Y tú sabes mi teoría: malo bailando, malo en la cama.

Salió reprobado en el examen. No, mi amor, cuando pude lo dejé sólo, que te agarre otra.

Angélica

No me gustan los hombres bonitos. No miento. Puedo apreciar cuando un tipo está chévere, no lo niego, pero eso no es lo que me engancha.

A mí me gustan los que tienen algo interesante que decir. No me refiero a esos que se la dan de intelectuales. Me refiero a esos que no necesitan piropos desgastados para llevarte a la cama.

Me gustan los espontáneos. Entre nos, a quien me haga reír, a ese le abro las piernas sin sentimiento de culpa.

Carmen

Cuando me di cuenta que A. me gustaba, me preocupé. Y lo primero que hice fue decírselo a M. Las mujeres somos más sinceras, definitivamente. Sólo una mujer es capaz de decirle a su esposo cuando siente que le está gustando otra persona.

Ya estábamos acostados. Tuve que moverlo para que no se durmiera.

"¿Qué quieres?", me dijo. "¡Tengo que decirte algo!", le dije. "¿No puede esperar hasta mañana?", dijo él. "¡No, es importante!", insistí. Y comienzo a contarle: "Creo que me gusta..."

Si se lo conté fue para que hiciera algo. Necesitaba su ayuda. Pero él, como si nada, lo que hizo fue voltearse; me dejó hablando sola, prácticamente. Eso me dolió tanto.

Después duró como un mes sin hablarme. Y yo que lo creía tan maduro. Claro, la loca soy yo. ¿En qué cabeza cabe eso de decirle a tu pareja que te gusta alguien? Solo en la de una mujer.

Elisa

Cuán difícil es quitarle todos los papelitos con su nombre a los lugares que visité y por donde pasé con él. No paro de recordar, donde esté, me digo: aquí vinimos una vez, por aquí pasamos cuando teníamos tanto tiempo, por allá nos besamos, la primera vez fue allá en... ¡Es matador!

Cuando creo que ya estoy seca, que he derramado todo el mar de lágrimas que puede fabricar mi alma; me voy en llanto sin saber por qué.

¡Dejé de escuchar Serrat!, ¿puedes creerlo? Tú sabes que a él le gusta. No puedo escucharlo, cuando lo intenté sentí un ahogo, yo pensé que me iba a morir, no podía respirar.

Chela

Hoy me encontré con él, fue un encuentro casual. Conversamos un rato, no mucho. No me preguntes qué fue lo que conversamos, no me acuerdo de nada. Cuando estaba ahí, lo que hacía era preguntarme: "¿Qué le vi yo a este hombre?" ¡Me pareció horrendo!

Y pensar que por él casi me corto las venas, ¿te acuerdas? El amor es ciego. Afortunadamente las cosas cambian, y para bien.

Nadia

Lo confieso, yo sí soy de las que le parece importante vestirse de blanco; quiero entrar con novio y toda la familia, hasta con mi perro, a una iglesia. Quiero entrar soltera y salir casada. A mí eso no me parece una ridiculez; lo que me parece ridículo es desearlo y no admitirlo.

Alicia

Después que me casé, en la noche de boda, cuando me vi a solas con él me puse a llorar. Hoy en día es absurdo creer que eso pueda suceder. ¿Ahora qué mujer llega al matrimonio sin que la estrenen? Ninguna.

Lo sé, los tiempos cambian. Pero ese es uno de los recuerdos hermosos que tengo, porque él conmigo fue compresivo, esperó pacientemente. No, esa noche no hicimos nada.

Elsa

No estoy de acuerdo con la idea de que el matrimonio es una etapa en la cual muere lo más hermoso de la relación. Nadie me cree cuando digo que estoy casada y que, además, soy feliz.

Sí, soy feliz en mi matrimonio, si alguien sufre por eso, no me importa.

Hilda

Creo en el amor, es la fuerza que me motiva. Sin embargo, no creo en eso de "hasta que la muerte nos separe". Eso es como una fantasía colectiva.

El amor en mí durará toda la vida. Crece y seguirá creciendo conmigo. Los que cambian son los rostros, los corazones a los cuales les manifiesto ese amor.

Es posible que con F. dure toda la vida, en realidad no lo sé. Lo cierto es que no estoy aferrada a esa idea. Para mí, la separación en el momento adecuado, también es una manifestación de amor.

Noreida

La presión social es una cosa seria. Si una no está firme, comienzas a vivir en función de lo que quieren los demás de ti, no de lo que tú quieres para ti misma.

Es como si estuvieses obligada, qué sé yo, por una ley divina, a parecerte a todas las demás mujeres. Si eres muy diferente, válgame Dios, entonces te conviertes en una amenaza.

¿Cuál es el problema de que no quiera tener hijos? Sí, ya tengo treinta y cinco, ¿y?

Nadie acepta que tener un hijo no está incluido en mis planes.

¿Es que acaso ser madre es la única forma en la cual una mujer se puede sentir realizada? No y no.

Mirtha

¡Un millón de veces le dije que yo no me estaba cuidando! Pero él siempre me decía que era imposible que me dejara embarazada. ¿Será que no sabía cómo se hacen los niños, amigo? A lo mejor sus padres no le hablaron sobre eso, o no leyó ningún libro que le explicara.

Cuando le dije que estaba embarazada, me dijo: "Mirtha, yo soy un hombre de principios, a mí no me gusta eso de estar dejando hijos regados por ahí".

Mi chamo ya va a cumplir un año, y todavía no lo ha venido a conocer.

¿Qué significará para él la palabra principio?

Arana

Está bien que después de que nos separamos no haya querido tener ningún tipo de relación conmigo. Eso yo lo entiendo, no soy bruta. Que no quiere ser ni mi amigo, perfecto. Lo que no entiendo es el porqué tiene que romper también con sus hijos, porque aún son sus hijos, eso no lo va a cambiar así grite y patalee.

Belén

Amigo, estoy preocupada, ayer entré en los treinta y todavía no he tenido un hijo. Y todavía no veo cerca el candidato con el que voy a formar mi familia. Mírame, pasan los años y no soy madre, no he amamantado a ninguna criatura. Me siento fracasada...

Delmira

Amigo, escucha bien lo que te voy a decir: hay una gran diferencia entre tener un hijo y ser madre.

Lo primero es lo más sencillo. Y eso es lo que algunas mujeres quieren, lo sencillo, pues para tener un hijo, en la mayoría de las ocasiones, si tu cuerpo está sano y tienes con quien, solo hacen falta las ganas; el sueño se logra cuando nace la criatura.

Lo segundo es más difícil y complejo. Y es a eso a lo que algunas mujeres le huyen, a lo difícil y complejo, pues para ser madre hace falta sacrificio, amor, y un montón de cosas más.

Ser madre no se cumple sólo con el nacimiento de un hijo, no, apenas ese es el comienzo, el inicio de la carrera que más requiere dedicación.

Maura

Tuvimos que unirnos otra vez para darnos cuenta que teníamos que separarnos definitivamente. Esto me costó muchas noches de desvelo para comprenderlo, no fue fácil.

Adela

Cuando era pequeña, mi mamá me decía: "Ya sabes, no te dejes tocar las rodillas por nadie".

Y ya, no me daba ninguna explicación. Imagínate, yo me quedaba pensando, "Tengo algo malo en las rodillas". Hubo una vez que le pegó un grito a un novio que yo tenía porque apenas me había rozado la rodilla.

Ahora, hace poco, a mis 27 años, me atreví a preguntarle. Y me dijo: "¡Bueno, pasa que si te tocan ahí, te tocan más arriba!".

Sí, estoy haciendo todo el esfuerzo por recuperar el amor por mis rodillas, pero, nada, el mal ya está hecho.

Linda

Mi mamá me dijo que para ella el significado de ser hombre era tener el valor de demostrar cuánto se ama a una mujer, a riesgo de que los demás te den la espalda. Llegó a esa definición por la demostración de papá.

Ella estaba confundida, aparte de papá parece que también le gustaba otra persona. Y, bueno, él no le impidió que se fuera a buscarlo, para que averiguara qué sentía por el otro. ¿Qué tal?

Todo esto lo hizo en contra de su familia; todos le dijeron lo peor. Pues bien, resultó ser que mamá, después de esa manifestación de amor, lo que hizo fue ir a ver a aquella persona, pero para expresarle que estaba enamorada de su esposo, de un verdadero hombre.

Lucía

Le tengo un miedo espantoso a la soledad. Yo no sé qué es estar sin pareja. Sí, como que soy de las que necesita un macho al lado para sentirse bien.

Yurani

De un tipo como él, avión con las mujeres, manipulador, mentiroso, seductor hasta las últimas consecuencias, solo se enamoran mujeres enfermas como yo.

Victoria

No me gusta estar detrás de mi pareja. Aunque lo vigile, si él ha decidido serme infiel, lo va a ser, eso no lo voy a poder impedir haga lo que haga.

Tú vez que yo a W. no le ando preguntando ¿con quién estuviste?, ¿para dónde fuiste? No. Yo lo que le digo es, "Cuando andes por ahí, ya sabes, cuídate". Él sabe a lo que me refiero.

Melisa

No podía comprender eso de que cada quien tiene su espacio. Él me lo decía muchas veces, pero nada que lo entendía. Para mí la pareja era para estar juntos todo el tiempo, y, además, para contarse todo.

Ahora que lo comprendo, me alegra que él haya sido comprensivo en ese sentido. Lo amo, pero hay pequeñas cosas que me gustan hacer sin él. Y hay otras que no le voy a contar ni que me torture.

Miranda

No me gusta que esté tan pendiente de su mamá. ¡Son cinco hermanos! Que vayan ellos a visitarla. Mi mamá esto, mi mamá lo otro, ¿hasta cuándo?... Ay, no sé, ¿te parece bien que se lo reclame?... Mira a quién le pregunto, a otro que se la pasa pendiente de su mamá...

Eva

Estoy enviciada con la pelea. ¡Tenemos cinco meses y me siento extraña porque no hemos peleado por nada!

Ayer busqué una estupidez para discutir y quedé como una loca. No peleamos porque él no me siguió la corriente. Esto es como una enfermedad, ¿no te parece?

¿Tú crees que las peleas van matando las relaciones poco a poco?

Pero una peleíta de vez cuando no le hace daño a nadie.

Lorna

Dejé de hablar de mi relación de pareja en mi trabajo. No, amigo, me di cuenta que a mis compañeras de la oficina les molestaba cuando decía que a mí me va muy bien con S. Claro, todas cuando hablan de sus esposos es para quejarse de ellos. Y al ver que yo no lo hacía, les incomodaba. De hecho, estoy segura que piensan que miento.

Por más que a mí me vaya mal con el negro, que afortunadamente no es así, no sería capaz de hablar mal de él en su ausencia.

Daniela

Escucha esto. ¡Es que los hombres son una vaina!

El susodicho me dijo, muy ecuánime, que quería saber cuáles eran los defectos que yo veía en él. Y al principio no le paré. Pensé que era una de sus bromas. Pero no, estaba hablando en serio. De hecho, al ver que no le estaba haciendo caso, insistió; de verdad quería saber cuáles eran los defectos que veía en él.

Yo, para no arruinar la vaina, porque sabía toda la lista de cosas que tenía atragantada, le pregunté: "¿Tú estás seguro que quieres saber?" Y él me respondió, guerrero: "¡Por supuesto!"

¿Oíste bien, amigo? No respondió simplemente sí, sino que dijo: "¡Por supuesto!"

Ahora está bravo conmigo. Claro, a mí como que se me pasó la mano, pero el culpable es él.

Adelaida

Yo sé que ha pasado el tiempo, que cada uno anda con su pareja, pero nunca le voy a perdonar haber terminado conmigo de la forma que lo hizo. Nunca, nunca. Por eso jamás podré tener una relación de amistad con él. No le deseo mal, pero si va a ser feliz, que lo sea bien lejos, ¡que yo ni me entere!

María

A él no le gustaba cuando le decía que mirara lo hermosa que estaba la luna, eso le parecía ridículo. Luego cambió, mirábamos la luna juntos; esos momentos fueron hermosos. Es una lástima que esos cambios surgieran cuando ya nos estábamos divorciando.

Roxanna

Una infidelidad en la pareja es una fisura grave,   es como cuando se rompe un huevo, aunque   logres pegarlo, nunca será igual que antes.

Desire

Yo perdonaría una infidelidad si ya estuviésemos casados. Siendo nada más novios, no.

Gladys

Los besos son inofensivos, amigo. Un beso no se le niega a nadie. Si beso a una persona que no sea mi pareja, para mí no estoy siendo infiel.

Verónica

Después que terminé con él, por perro entre otras razones, me sentí culpable. Me sentí mala persona, ¿lo puedes creer? ¡Maldita sea!

Hace una hora lo llamé, y le dije que me perdonara, cuando yo no había hecho nada. Soy una loca. ¿Y tú sabes lo que hizo el muy desgraciado? ¡Me trancó el teléfono! ¡Eso me pasa por pendeja!

Aura

Tengo problemas para admitir que aún lo amo. Esa es la verdad. Sí, es cierto, él es un inmundo. Tardé en darme cuenta, lo sé. Ya estoy enterada, eso es lo importante. Por eso es que me da pena decir que, después de tanto maltrato, lo considero el hombre de mi vida.

¿Cómo hago? No sé cómo ponerle un volante a este amor para dirigirlo hacia donde yo quiera. No sé en dónde tiene el botón para apagarlo. Quién sabe, a lo mejor es que yo no lo quiero apagar.

Sonia

Es una cosa rara, a mí me gusta que él sea atractivo para las mujeres, me gusta enterarme que a unas cuantas les gustaría tener algo con él. Pero lo veo hablando con alguna y me convierto en una cascabel. Aunque se trate tan solo de que le está dando una dirección, yo salto como una leona. Cuando lo veo con alguien, quién sea, si no la conozco, duro unos cuantos minutos sin hablarle. ¿Soy cuaima? Claro que sí, esa es mi naturaleza.

Emilia

No lo puedo evitar, cuando él me dice que no me ponga tal ropa, yo no me la pongo. Cuando pasa por la casa buscándome, yo al verle la cara sé que no le gusta lo que llevo puesto. Si arruga la frente y no me sonríe, eso quiere decir que tengo que cambiarme.

Antes que llegara a este punto yo intenté ser yo misma, pero no lo podía aguantar, me sentía incomoda sabiendo que a él no le gustaba mi ropa.

Yo sé que todo esto está mal, pero ¿qué hago? Yo no quiero estar sola. Es preferible tener un perro que te ladre a no tener a nadie.

Pero, bueno, ¿quién puede asegurar que ser así es malo? Yo soy feliz así.

Andrea

Pensé que podía manejarlo. Me pareció divertido cuando me dijo que era casado. Y era eso, diversión, y como un reto también. Pero me fue gustando, me fue gustando y me fui enamorando.

Yo no pido que se divorcie de su esposa. No. Solo quiero que me valore como persona, no pido más nada.

¿Por qué me miras así, amigo? No conozco ninguna mujer que sepa valorarse por sí sola; todas necesitamos un hombre para eso.

Clara

Él con sus amigos parece que es el show. Me los presentó en estos días. Y se molestó conmigo porque, según él, yo quería llamar la atención como fuera. Y para mí no fue así. Lo que pasó fue que todos se reían con las locuras que yo decía y a él no le pararon.

Ustedes si no lo dominan todo, no están bien. ¿Por qué tiene que ser así? Confórmense con el hecho de que le cedamos el control... del televisor.

Oriana

La amistad no tiene sexo, amigo. No es cierto eso de que las mujeres no podemos ser amigas. El sentimiento de amistad está por encima de los géneros. Hay mujeres que le ponen limitaciones a la amistad, y hay mujeres que no se las ponen, eso es todo.

Gabriela es mi amiga del alma, y aunque la distancia nos separe físicamente, yo siento que estaremos unidas toda la vida. De hecho, estoy segura que en este momento ella también está pensando en mí. Con pocas personas he logrado esa comunicación.

Lisbeth

No he aceptado eso de que hagamos un trío con otra mujer no porque no me guste la idea. Sí, te lo confieso, me llama la atención. Es más, tengo fantasías con mujeres. Lo que pasa es que yo me conozco, soy tan insegura que me da miedo ver que él disfrute más con ella que conmigo. Y si eso pasa, bueno, se me puede salir la cuaima y ahí sí que se monta la gata en la batea.

Margarita

Cuando amas no te importan los lugares, lo más importante es estar con esa persona. Yo recuerdo que con P. la pasábamos delicioso en la platabanda de su casa. Subíamos un reproductor, una sábana, la colocábamos en el suelo, nos acostábamos y mirábamos las estrellas toda la madrugada... Eso también es hacer el amor.

Mayra

Para mí el sexo dentro de la amistad no tiene cabida. Mis amigos son asexuados. No me imagino teniendo relaciones con alguno. En el momento que eso suceda todo se transformaría, se estropearía la amistad.

No me lo estás proponiendo. Pero, si se te ocurre, ya sabes... te jodiste.

Lina

Nuestra amistad no ha cambiado en nada. Ambos sabemos que fue un asunto de carne. No, no estamos pensando en ser pareja. Mira, si piensas que eso termina con la amistad, la termina; si piensas lo contrario, entonces todo puede seguir su curso. No me arrepiento. Para mí no hay nada más seguro, en estos días de mucho contagio, que un amigo sexual.

Muna

El amor no duele, lo que duele es que no nos amen. Me siento feliz cuando amo. El problema se me presenta cuando espero que, por el simple hecho de estar amando, tengo que ser amada.

Karen

Uno de tus defectos, amigo, perdona que sea tan sincera, es que eres demasiado buena gente. Y nosotras las mujeres somos al revés, nos enredamos con hombres que son todo lo contrario, mientras más malditos son, mejor.

Alanis

De tanta soledad se me está poniendo la
boca fría.

Nancy

A mí no me gusta eso de que me cedan el puesto y me abran la puerta. No creo en esos gestos de caballero. Todo eso es falso. Para mí es manipulación. Las puertas las puedo abrir yo, no necesito a nadie para eso.

Deyanira

Yo puedo vivir sin un hombre, perfectamente. Lo que no podría hacer es vivir sin amarlos.

Heidi

Aún no sé qué es lo que nos lleva a aferrarnos a la idea de que podemos cambiar a un hombre solo porque lo deseamos.

Si la persona no quiere cambiar, no cambiará, no importa quién se lo pida.

Yo quise cambiar a R. Me empeciné tanto con la idea que estuve dispuesta a probar de todo. Hasta comencé a querer ser como él, y me puse a beber para acompañarlo, para que él viera que podía contar conmigo. Y fue peor.

Para mí no es una cuestión de amor, esa es como la excusa para mantenerte insistiendo. Lo hago por amor, te dices a ti misma. Pero es todo lo contrario, es falta de amor para contigo el estar insistiendo tanto en lo que no sirve.

Gabi

Después que lo mando al infierno, ahora quiero que vuelva. ¿Por qué? Porque se consiguió otra. Y me duele de una manera que no te imaginas, amigo. Yo sé que no lo amo. Tú y yo lo hemos conversado miles de veces.

Todo estaba tranquilo hasta que me enteré que tiene una novia. Y lo que más me hierve la sangre es que la tipa es más fea que el diablo en pantaletas.

¿Cómo me va a cambiar por una mujer tan fea? En la vida no se puede ir retrocediendo. Yo pensaba que tenía mejor gusto. Esto se me va a pasar, lo sé, pero antes tengo que hacer algo, ¿no? No por mí, sino por él, me da pena que lo vean con ella; pobre, qué van a decir de él.

Georgina

No sé cómo establecer una relación con alguien que no tenga rollos. Si está solo, sin novia, sin esposa, es respetuoso, fiel, no tiene vicios, y además se declara abiertamente interesado en mí, entonces no tiene vida conmigo.

A mí me interesan los que no pueden estar conmigo, los que me rechazan, o a los que tengo que compartir con otra. ¡Estoy cansada de eso!...Bueno, no sé, es que así es más excitante.

Eduví

Los hombres nos tratan como nosotras queremos que nos traten. Si le aceptas el primer golpe, seguro va a pensar que puedes aguantar el segundo, y así sucesivamente. Cuando vienes a ver, aunque te parezca mal como te trata, no sabrás cómo evitarlo. O peor, puedes llegar a creer que es normal que te trate mal.

Hay mujeres que nunca salen de ese sótano. No es fácil. A mí me costó. Pero salí. Claro que se puede. Ahora no le aguanto nada a ninguno. Debe ser por eso que estoy sola. No importa, estoy tranquila, estoy conmigo.

Paula

"Estoy seguro que tú no me has amado ni un poquito, porque nunca te he visto llorar por mí, Paula", así me dijo antes de divorciarnos.

"Por eso te he engañado con tu mejor amiga todo este tiempo. Ella tiene más sentimientos, siempre llora cuando no estamos bien, no se pone a discutir conmigo como haces tú, y cuando le digo que la voy a dejar, me ruega que no lo haga".

Y pensar que, cuando me decía que me iba a dejar, aguantaba las ganas de llorar y le decía que se fuera a pesar del dolor que me daba el imaginarme sin él. Y fíjate las absurdas consecuencias, ¿no?

Pero mejor que no lloré, aún estaría con ese calamar. Fueron 15 años de casados. No sé cómo aguanté tanto.

Aída

Lo que más me molestó fue su incapacidad para mirarme a los ojos y decirme que no me amaba. El tipo no podía decírmelo en la cara. Cuando yo le dije: "Tú no me amas, ¿verdad?" Lo que hizo fue ponerse a llorar a moco suelto como un niño de tres años que se le pierden sus padres en un mercado. Tuve que buscarle agua porque sino se muere ahí.

Lo que yo no entiendo es, si no me amas, ¿por qué te pones así? ¡Qué dramáticos son los hombres!

Y yo le decía: "Pero dímelo, yo sé que es así, lo único que te pido es que me lo digas, quiero escucharlo de tus labios".

Y no me dijo ni pío, se fue sin decirme nada. Y no sé cómo sacarme esta rabia que me está matando; no sé por qué esta obsesión de querer estar con él cuando ya sé que no quiere nada conmigo... No sé... Dímelo, amigo, ¿tú lo sabes?

Leticia

No estoy interesada en acostarme con alguien sin sentir ni una gota de amor. Ya pasé esa etapa. Bueno, no sé, me masturbaré. Soy buena en eso...

En estos días hice el intento con un tipo. Solo nos dimos unos besos. ¡Fue horrendo! Hasta ahí lo dejé, solo quería probar.

Es desagradable cuando estás narrando con tu pensamiento un beso. "Me está pasando la lengua por acá... por allá..." No hay entrega. Eso no es besar; ni siquiera me provocó cerrar los ojos. Y como tenía los ojos abiertos me di cuenta que es verdad que la gente pone cara de estúpida cuando besa.

Sí, esa podría ser una manera de comprobar si el candidato vale la pena. Si los ojos se te cierran solos cuando lo besas, entonces es el tipo, sino no.

Eleonora

Yo no lo hago para igualarme a los hombres. Lo que pasa es que los hombres sí tienen el permiso para disfrutar del sexo sin compromiso, y nosotras se supone que tenemos que esperar por nuestro príncipe azul. Y mientras tu sapo tarda en convertirse en príncipe, bueno, échate aire.

No voy a discutir si es justo o no. Sólo digo que si puedo disfrutar del sexo, lo disfrutaré. No encuentro ninguna razón para no hacerlo. Estoy clara, la principal función de mí vagina es la de brindarme placer.

Serena

La primera vez que estuve con alguien me sentí culpable. ¿Por qué? Bueno, porque me gustó. Como siempre había escuchado que eso dolía, que la primera vez era espantosa, etcétera, y yo no sentí nada de eso, más bien fue todo lo contrario, me dije que tenía algo malo. Imagínate, pensé que yo tenía algo perverso.

Tuve que fingir delante del chamo, un noviecito que tuve, que me dolía, que no me había gustado, para que no pensara que era mentira que nunca había estado con alguien.

¿Qué te parece?

Sara

Si el sexo fuese solo meterse algo por la vagina, no necesitaría un hombre, para eso me meto el dedo y ya está. El asunto va más allá de meterlo, sacarlo e irte para tu casa. Es importante que a una la seduzcan, la acaricien, la besen, la abrecen... A los hombres cómo que les cuesta entender eso. Y lo peor es que a nosotras como que nos cuesta explicarlo.

Susana

Lo que más me duele es que él ya no me besa cuando hacemos el amor. ¡Tan romántico que son los besos! Yo siento que toda relación sexual debe comenzar y terminar con un beso.

Ya no hay besos cuando nos acostamos, ese es un mal signo. No le importa nada, va al grano y... y... Y me provoca ahorcarlo cuando prende la televisión apenas termina.

No sé cómo hablar con L. sobre ese tema. Quizá es que estoy esperando que él se dé cuenta sin que yo tenga que decírselo.

Tú vas a creer que estoy loca, pero es que si se lo digo, entonces me va a besar porque se lo pedí, y no porque le sale de corazón. Y así no quiero.

Leonor

A mí me gusta hacer el sexo oral. Me gusta. Pero, un momento, también me gusta que me lo hagan.

Lo digo porque hay unos cuantos que se hacen los locos.

El sexo no es nada más para que las mujeres le demos placer a los hombres. Están equivocados. Si vamos a tener sexo, nos vamos a dar placer los dos. Es dando y dando: quieres sexo oral, dame sexo oral.

Marta

A mí me gusta el hombre que toma decisiones. Cuando D. me dice para vernos, ya sabe a qué sitio vamos. Él sabe que a mí no me gusta eso de andar dando vueltas para ver qué se nos ocurre.

Claro, al principio no era así. D. era de los de la frase, "Ahí vemos qué hacemos". Me llamaba sin tener ningún plan. Y yo tenía que precisarlo, diciéndole, "Pero para dónde vamos exactamente". Él se molestaba. Menos mal que ya se le quitó esa indecisión.

Y cuando estamos en la cama también es así. Para mí, el hombre es quien tiene que mandar. Menos mal que él ya me conoce. D. es el que sugiere ponte de esta manera, ponte de esta otra...

Por supuesto, quien tiene la última palabra soy yo. Yo soy la que decide en todo momento.

Romina

El fulano me abandonó, no lo he vuelto a ver.

Me dejó porque yo y que me muevo mucho cuando estamos haciendo el amor, y según él eso me convierte prácticamente en una prostituta.

Lo que debería hacer, ya que soy una prostituta, exigirle que me pague todo el dinero que me debe por el servicio que le presté durante todo este tiempo.

Ana

Por más que le dije que a mí eso no me importaba, no sirvió de nada, él insistió en ahogarse en un vaso de agua porque ese día no se le paró.

Y cómo se ofendió ese hombre cuando le dije que eso le podía pasar a cualquiera. Más vale que no. "¡Esto nunca me había pasado a mí!", decía gritando. "Ay, sí, perdió su hombría", pensaba yo.

Me podrás creer que ese hecho fue lo que deterioró la relación. Esto lo cuento y ni yo lo creo. Después de eso, le daba vergüenza estar conmigo. No lo pudo superar. El macho no aguantó la traición que le hizo su mejor amigo. Pero debió pagarla con su miembro, no conmigo. Yo siendo él, ya que la decepción es muy grande, me lo corto.

Alba

Para mí, a nosotras nos gustan los traseros de los hombres porque hay un deseo inconsciente de penetración.

Tania

¿Te acuerdas de aquel tipo de la oficina con el que estuve saliendo unos meses? Bueno, no resultó.

Al principio todo estaba bien, apenas me tocaba sentía que me chorreaba toda. Me lo quería comer. Pero él siempre me decía: "Hay que ir con calma". Y a mí eso me pareció bien, te lo juro, me pareció síntoma de seguridad.

Hasta que llegó el momento. Nos fuimos al junquito, alquilamos una posada por allá arriba, en fin, todo perfecto.

Perfecto hasta que lo vi desnudo. Bueno, no hasta que lo vi desnudo, porque a pesar de lo pequeño del instrumento yo traté de mentalizarme: "No es un instrumento de dolor sino de placer". "El tamaño no importa, no importa..."

Todo eso me lo decía mentalmente. Pero no sirvió de nada. Todo se derrumbó, como dice la canción, cuando le dije que me penetrara. Hacía rato que me había penetrado. Y yo que pensaba que estaba jugando encima de mí ¡Te juro por Dios que no sentía nada!

¡Qué iba a estar sospechando yo que eso de ir con calma se debía a un defecto de fábrica!

A mí sí me importa el tamaño. Ahora el que me hable de calma, de inmediato pienso, "Nada, lo tiene pequeño".

Andreina

Cuando me dijo "Ahora vengo yo", me provocó reírme. No sé qué le hizo pensar que yo había tenido un orgasmo. No quise aguarle la fiesta. Te imaginas que le hubiese dicho: "¿Qué quieres decir con eso de que ahora vengo yo? Porque quiero que sepas que ahora es que me falta para llegar a la meta".

No sé qué se creen los hombres, sinceramente. Si no se creyeran eso de que tienen que ser los anfitriones en la cama, quizá lo harían mejor.

Valentina

Yo tengo sexo anal con quien tenga una relación de pareja estable. Quiero decir que tengamos un par de años, por lo menos; o un tiempo considerable que nos permita conocernos sexualmente. No se lo doy a cualquiera.

Ya pagué la novatada con uno, un tipo con el que estuve saliendo, que estaba como Dios manda.

En la segunda vez que estábamos juntos, él me lo propuso. Y yo acepté.

Pero fue un fracaso. No supo hacerlo. Fue bruto. Eso no es así, que porque acepto tener sexo anal contigo puedes tratarme como te dé la gana. No. Amárrate, loco.

Rosa

Cuando le vi el pene me asusté. "Yo no tengo espacio allá abajo para meter ese autobús", pensé. Sin exagerar, yo creo que le llegaba casi hasta la rodilla.

Pero así habré estado de excitada que acomodé todo para que la visita estuviera cómoda en casa.

Al principio lo intentó y no pudo entrar, y le dije, "Es como grande el muchachito, ¿no?" Se echó a reír. Pero luego no hubo problemas.

A veces siento como si me hubiese roto algo por dentro.

Iraida

Yo quiero tener algo con él, pero no me atrevo a proponérselo. No quiero ser tan descarada.

Apenas si nos conocemos. Quiero invitarlo a salir, pero ¿qué va a pensar de mí si soy yo quien toma la iniciativa? En eso ustedes todavía son prejuiciosos, no importa que estemos en el siglo veintiuno. Si soy yo quien le echa los perros, lo espanto. Los hombres se intimidan si una mujer los ataca.

Cuando lo veo, a veces pienso que la vagina se me sube a la cara. ¡Qué vergüenza! Pero tengo que esperar porque soy la mujer.

Lesbia

Una de las cosas más difícil que le puede suceder a una mujer, es que te atrevas a decirle a un hombre que te quieres acostar con él, con todo lo que eso implica, y que el tipo te responda que no.

Sí, a mí me pasó. Y me sentí miserable. Nosotras las mujeres no estamos acostumbradas como ustedes a que nos rechacen. Menos en una proposición como esa. Eso te mata el ego.

En el sexo estamos acostumbradas a disponer, no a proponer. Y es que creemos que ningún hombre va a decir que no cuando se trata de sexo, por ser hombre.

¿Qué fue lo que hice para resucitar mi ego? Pensar que el tipo era homosexual y por eso fue que no quiso. Eso, era homosexual, por puede haber otra razón.

Penélope

Yo sé que masturbarse es normal. Pero yo no me masturbo. ¿Qué te puedo decir?, mi mamá siempre me prohibió que me tocara. Y ese mensaje se quedó instalado en mí.

Elba

Me da rabia que me trate con tanto respeto. Cuando me toca, pareciera que lo hiciera con miedo. Tanta delicadeza me corta toda. Está bien la ternura, pero no todo el tiempo. De vez en cuando me gusta que me agarren con fuerza, que me halen el cabello, que me sacudan.

A medida que pasa el tiempo, a mí se me va haciendo más difícil decirle lo que siento. Si le digo que a veces me provoca que me trate como una puta, va a pensar que en verdad lo soy y le va a dar un infarto. Es tan cuadrado.

¿Qué hago? ¿Termino con él?

Mercedes

¿De dónde les sale a ustedes esa insistencia de querer meterse por atrás?

El otro día paré en seco a P. Amaneció con ganas de explorarme la baticueva. Le dije: "Si tú te dejas primero, yo accedo. Mira, puedo utilizar este palo de escoba a ver si te excitas".

No insistió más. Menos mal, porque si te soy sincera, a mí me gustaría. Lo que pasa es que además de grande, lo tiene grueso.

Fabiola

Yo se lo mando a lavar antes de acostarnos. No, mi amor, a mí si me van a meter algo, tiene que estar limpiecito. Cuando se acuesta en la cama, cómo le molesta que le pregunte: "¿Ya te lo lavaste?"

Teresa

A mí me cuesta tener orgasmos. Se me hace más fácil tener uno cuando me masturbo. Y eso no tiene nada que ver con que el hombre, con el que esté, sea o no sea bueno en la cama. Me cuesta y ya está.

No sé por qué ustedes se empecinan en que nosotras tengamos un orgasmo. Es como una idea fija que se les mete en las dos cabezas. Califican su desempeño en función de si tenemos o no tenemos el bendito orgasmo.

Por eso es que mentimos en la cama, para que no se sientan fracasados; qué débiles son.

Pocas veces lo tengo, pero eso no quiere decir que no disfrute del sexo; lo disfruto como nadie.

Selma

El sexo no es un deporte donde sean importantes los records. Ustedes creen que mientras más veces lo hagan en una noche se la están comiendo; las cuentan para poder presumir después. Y es mejor una de calidad, que muchas de mediocridad.

Siriani

A mí me da pena que él me vea cuando le estoy haciendo sexo oral, por eso me echo el cabello para adelante.

Aunque no me lo creas, por eso es que en este momento estamos separados. "Yo te quiero ver", siempre me dice él. "No quiero que me veas", siempre le digo yo.

Y así comenzó la discusión la última vez, porque él quería verme. "¡Si me ves, entonces no te hago nada!", le dije. Y él se quedó pensando. Luego, "No me hagas nada", me dijo.

"¿Qué es lo que te da más placer, que te lo haga o verme?", le pregunté. "Las dos cosas", me dijo. "No puede ser", le dije.

Entonces me hizo la pregunta que comenzó el final: "¿Pero por qué no te gusta que te vea?" Y le dije, obstinada, "¡Porque no me gusta hacerte sexo oral!" Y su respuesta fue criminal: "Se nota, porque lo haces muy mal".

Hasta ahí. Si lo hago mal, ¿por qué siempre me pedía que se lo hiciera? Es un desgraciado.

Elaida

Nos conocimos ese día, en la fiesta de S. Estuvimos bailando toda noche. Y cuando se fue todo el mundo, pensaba que ya todo estaba claro, que los dos queríamos sexo vulgar y silvestre. Por eso lo empujé para el baño. Y ahí, el tipo me sale con este discurso romántico:

"Espérate, no vayas tan rápido. Tú me gustas para llevarte de la mano por la calle, comernos un helado, ir al cine... tener una relación seria".

Pobre, tuve que decirle.

"Mira, yo lo que quiero es sexo. Sí, me gustas un poquito, pero no quiero ir de la mano por la calle contigo, ni comernos un helado, ni ir al cine... porque ya yo tengo una relación seria".

No hicimos nada. Me mató todas las ganas con ese discursito de galán de telenovela.

Bárbara

Le pegué con el puño cerrado. Si lo vieras ahora, tiene el pómulo hinchado.

¡Quién lo manda a estar dándome nalgadas! Me dio duro. Se emocionó.

Y eso no es todo, me provocó darle otro cuando me dijo: "A todas las mujeres con las que he estado les gusta, ¿cómo no te va a gustar a ti?"

No, amigo, a ese hay que encerrarlo en un psiquiátrico. El hecho de que hayas tenido experiencia con algunas mujeres, eso no quiere decir que ya las conoces a todas. ¡No somos iguales! ¿Porque le gusta a unas cuantas, nos tiene que gustar a todas? La respuesta es... ¡No!

Reina

Él sabe que a mí no me gusta que me llene de su... su... su... Tú sabes. Digan lo que quieran, eso no fue hecho para ser untado, ¡mucho menos para ser bebido! No, amigo, a mí me da grima. Adentro está bien, me mata cuando siento que lo deja dentro de mí. Pero encima de mí, no, ¡asco!

La primera y única vez que me lo echó encima dejé de hablarle durante dos semanas. Es que no podía verlo, sentía que lo quería asesinar.

Cuando se lo expliqué, se negaba a entender. Los hombres creen que una tiene que aceptar todo lo que a ellos les gusta. Si no aceptas, inmediatamente piensan que eres una reprimida, que tienes una enfermedad; te quieren hacer sentir mal. Y no, las cosas no son así. Hay que ponerse de acuerdo. Si no te gusta, no te gusta y punto.

Silvia

Hace como un mes conocí a alguien. Yo estoy enamorada de mi F., pero ese hombre me movió. Su hablar era dulce e inteligente. Tú sabes que a mí me matan los que son caballeros y, además, dominan la palabra.

Me invitó a su casa. No me pude negar. Lo que más me costó fue mentirle a mi F.

Cuando estuvimos solos en su casa, no hicimos nada. Bueno, sí hicimos. Estuvimos en la cama, pero yo no dejé que se quitara la ropa, ni que me quitara la mía, ni que me besara; lo invité, sin palabras, a que lo hiciéramos vestidos. Estaba romántica.

No me gustó. Esperaba que fuera más delicado, dulce como su manera de hablar. Fíjate como es la vida, mi F. es ordinario, tú lo conoces, pero cuando estamos juntos es tierno. Y este ser hablando es dulzura, pero cuando estuvimos en la cama me agarraba tan brusco que se me quitaron las ganas de todo. ¿No sé qué estaba esperando?

¿Sabes lo que hice cuando me templó el cabello? Me puse a llorar...

Felicia

Al principio yo solo miraba. Era una mezcla: me daba miedo y a la vez me excitaba. Después fui entrando poco a poco. Lo primero que hice fue estimularla a ella. Eso a él casi le saca los ojos.

Cuando vine a ver, me pareció tan normal que él estuviese con ella, que hubo veces en las que me quedaba dormida mientras ellos lo hacían.

Estuvimos juntos todo un fin de semana. Y se volvió tan natural andar desnudos los tres por el apartamento, que ahora que lo recuerdo me siento extraña, siento como si ese recuerdo no fuese mío. Creo que esta es la manera que he conseguido para protegerme de mis propios pensamientos, porque ahora, en el fondo, me da rabia. Lo hice para complacerlo, no para complacerme.

Rosario

Sí, hice el amor con ella. Pero ya, no soy lesbiana. Ella quiere tener una relación conmigo y yo le digo que a mí me gustan los hombres. Ella insiste, dice que como ella no es atractiva, es por eso que yo no quiero tener una relación. Pero que sí me encontrara una mujer más bonita, entonces sí dejaría salir la lesbiana que tengo por dentro.

¡Qué complicada somos las mujeres!

Mariana

Tengo tanto tiempo que no tengo relaciones que creo que me va a salir una telaraña en la vagina, o a lo mejor mi evolución va a ir en reversa y me voy a convertir en un espermatozoide.

Meri

Yo pensaba que lo que hacíamos C. y yo era normal. Él pedía y yo aceptaba; había peticiones que no me gustaban, pero por el amor que le tenía accedía a todo.

Ahora con A. me doy cuenta que lo normal es un acuerdo de las dos partes. Lo que es normal para ti no necesariamente tiene que ser normal para mí. Además, con C. me salté la ternura, las caricias dulces, el beso inocente, el abrazo sincero, la conversación en la cama después del acto, en fin, el romance.

Cuando te acostumbras a hacer cosas solo para complacer a otros, se te pierde el camino de regreso a ti.

Me llena de alegría haber encontrado el camino de regreso, ¡no te imaginas cuánto!

Dana

Yo tengo que aprender a decir que no. Bueno, yo no, la que tiene que aprender a negarse es la gata que vive entre mis piernas. Muchas veces yo estoy diciendo que no, pero ella no me hace caso, es como un país independiente; como tiene hambre entonces me lleva la contraria.

Por eso es que no he querido salir a solas con el chico que te conté. Yo no quiero hacerlo tan rápido, quiero ir poco a poco. ¿Qué piensas tú, amigo, me dejó llevar por ella o le pongo carácter?

Virginia

Me fascina verles la cara en ese momento cuando llegan, me produce un placer increíble. Y eso que la cara que ponen ustedes es de terror, arrugan todo como si los estuviesen torturando; pero sin embargo, esto que voy a decir es contradictorio, es hermosa.

Cuando no estás en el momento, te la imaginas y te parece de lo peor, pero cuando estás ahí compartiendo sudores te parece sublime. Y a mí me encanta, te lo digo sin que me quede nada por dentro, que me lo echen encima, especialmente aquí, en el ombligo...

Mailen

Si yo fuera hombre, sería el más infiel de todos, me acostaría con todas las mujeres que pudiera. Fuera un perro.

Siendo mujer no puedo hacer eso. Es que siendo mujer me parece que está mal, no sé explicarte el porqué.